LE BIENHEUREUX

BAPTISTE DE LA SALLE

FONDATEUR DE L'INSTITUT

DES FRÈRES DES ÉCOLES CHRÉTIENNES

PARIS

PROCURE GÉNÉRALE DES FRÈRES

RUE OUDINOT, 27

—

1888

BIENHEUREUX JEAN-BAPTISTE DE LA SALLE,

PRIEZ POUR NOUS !

LE BIENHEUREUX

JEAN-BAPTISTE DE LA SALLE

FONDATEUR DE L'INSTITUT
DES FRÈRES DES ÉCOLES CHRÉTIENNES.

Aperçu de sa vie, de ses vertus, de ses travaux et de ses miracles.

Le Bienheureux Jean-Baptiste de La Salle naquit à Reims, le 30 avril 1651, d'une noble famille originaire du Béarn. Son père, Louis de La Salle, conseiller du Roi au présidial de Reims, et sa mère, Nicole Moët de Brouillet avaient le culte de l'honneur domestique, qu'ils faisaient consister moins dans la noblesse du sang que dans la piété.

Dès ses plus tendres années, le jeune enfant montra pour la vertu de merveilleuses dispositions naturelles qui, loin de s'effacer, ne firent que s'affermir chaque jour davantage. Aussi n'est-il pas étonnant que Jean-Baptiste ait de bonne heure appliqué son cœur à la pratique de la piété, et qu'aux bagatelles, aux frivolités qui font le charme le plus ordinaire du jeune âge et pour lesquelles son enfance n'eût que du mépris, il ait préféré les vies et les histoires des Saints dont il fit ses délices. Enfant prédestiné à la sainteté, on le voyait, en effet, chercher dès lors quelque grand modèle dont il pût se proposer l'imitation.

Ses talents précoces, la rectitude de son jugement et son zèle pour l'étude, firent concevoir à son sujet de grandes espérances; mais le jeune Jean-Baptiste, prévenu de la grâce, résolut de se consacrer au service des autels. Ses parents s'inclinèrent généreusement devant les manifestations de la volonté divine. L'enfant reçut la tonsure et continua ses études avec succès au collège de sa ville natale. Il n'avait pas encore seize ans, lorsque l'abbé Dozet, chanoine, archidiacre de Champagne et chancelier de l'Université de Reims, résigna son canonicat en faveur du jeune étudiant, suivant la coutume de l'époque.

En 1670, Jean-Baptiste entra au séminaire de Saint-Sulpice, à Paris, pour y faire sa théologie. Il y eut pour directeur le célèbre M. Tronson. Un autre des plus habiles directeurs de cet établissement, M. Leschassier, rendra plus tard, au jeune chanoine, l'honorable témoignage que maîtres et élèves admirèrent constamment en lui une intelligence supérieure et une irréprochable vertu.

Rappelé à Reims par la mort de sa mère et celle de son père qui suivit de près, il se fit remarquer par une grande régularité de conduite et une pureté de mœurs angélique. Devenu le tuteur de ses frères, il travailla à leur éducation, tout en se préparant à recevoir dignement les ordres sacrés et en complétant ses études. Son double but fut atteint: il fut promu au sacerdoce en 1678 et soutint, trois ans après, avec éclat sa thèse de docteur en théologie.

* *

Devenu prêtre, le Bienheureux Jean-Baptiste de La Salle n'aspira plus qu'à gagner des âmes à Dieu. Il semblait avoir le don de toucher les pécheurs les plus endurcis et de les convertir par sa charité. Mais c'est vers les enfants surtout qu'il se sentait attiré; aussi accepta-t-il avec empressement, du directeur de sa conscience, M. Roland, chanoine théologal, la mission de lui succéder dans la direction d'une congrégation de religieuses institutrices, fondée par lui à Reims. Il acheva d'organiser leur société naissante et leur obtint des lettres patentes. Un jour, le jeune prêtre rencontra, au parloir de leur communauté, M. Niel, pieux laïque de Rouen, qui venait fonder à Reims une école gratuite pour les garçons. Le charitable chanoine lui offrit l'hospitalité et l'aida à la réalisation de son projet.

Le succès de cette œuvre nouvelle fut complet. M. Niel, qui s'était associé quelques jeunes gens, créa de semblables écoles à Guise, à Rethel et à Laon, mais ses absences fréquentes ne lui permettant pas de surveiller ses auxiliaires, le Bienheureux consentit d'abord à leur donner un règlement et à les recevoir à sa table. C'était en 1680. L'année suivante, il les logea dans sa propre maison et pourvut avec sollicitude à leur entretien. Trois ans plus tard, le départ de M. Niel, qui voulait aller terminer ses jours à Rouen, laissa le saint prêtre seul chargé de la nouvelle société. Il comprit que Dieu lui demandait de s'y dévouer tout entier. Il se détermina dès lors à vivre en communauté avec les instituteurs et à partager leurs humbles travaux. Il leur donna le nom de *Frères des Ecoles chrétiennes*, et les revêtit de l'humble costume qu'ils portent encore aujourd'hui et qui est connu et respecté dans le monde entier.

Toutefois l'homme de Dieu n'avait encore, à cette époque, rien d'arrêté sur le choix des moyens propres à donner à l'éducation chrétienne des enfants une efficacité plus générale et plus prompte. Créer une association d'instituteurs religieux auxquels le sacerdoce serait interdit, afin qu'ils n'eussent à s'occuper que de la culture de leur âme et de celle de leurs élèves, c'était une œuvre délicate et difficile, essayée en France, sans fruit durable, par le P. Barré, minime, M. Démia et le B. Fourier de Mattaincourt. C'est au Bienheureux de La Salle que la Providence réservait l'honneur d'établir, sur des bases solides, l'œuvre qui devait assurer l'éducation chrétienne des enfants du peuple. Pour devenir lui-même dans les mains de Dieu un instrument docile, il distribua tout son patrimoine aux pauvres, durant une année de famine, et se démit de son canonicat.

⁎

En 1688, il vient à Paris, appelé par le curé de Saint-Sulpice, qui lui offre l'école de la rue Princesse ; bientôt après, s'ouvrent les écoles chrétiennes de la rue du Bac, de la rue Sainte-Placide et des Fossés-Monsieur-le-Prince. Le zélé fondateur installe une école *dominicale*, premier type des cours d'adultes et modèle des œuvres de persévérance pour les jeunes gens de la classe ouvrière. Il établit un pensionnat en faveur de cinquante jeunes nobles irlandais, recommandés par le roi Jacques II d'Ecosse, exilé en France. Il crée tour à tour un noviciat pour y former des maîtres, un petit noviciat où il reçoit de jeunes postulants, et un séminaire pour les maîtres de la campagne, déjà ébauché par lui à Reims, et rétabli à Paris, sur la paroisse Saint-Hippolyte, rue de Lourcine.

Le bien opéré par ce sage Instituteur fut prodigieux. Il en fut récompensé par des persécutions et des calomnies qui le poursuivirent sans trêve jusqu'à la mort. Les épreuves ne firent qu'accroître son zèle, alimenté d'ailleurs par la plus rude mortification et une soif insatiable de mépris et d'humiliations. Au reste, en semant dans les larmes, il vit son œuvre grandir. Chartres, Calais, Troyes, Avignon, Darnétal, Rouen, Dijon, Marseille, Alais, Grenoble, Mende, Saint-Denis, Versailles, Boulogne, Moulins, Les Vans (Ardèche), sollicitèrent des maitres formés par le Bienheureux. Il en envoya aussi deux à Rome, autant pour témoigner de son profond attachement au Saint-Siège que pour obtenir l'approbation de son Institut par le Vicaire de Jésus-Christ.

Non content de stimuler et de diriger le zèle de ses disciples, il voulut leur prêcher d'exemple, et on le vit avec admiration remplir lui-même en divers lieux les modestes fonctions d'instituteur. Appelé à Rouen par Mgr Colbert, archevêque, en 1705, le Bienheureux y ouvrit un pensionnat et un établissement pénitencier dans la vaste propriété de Saint-Yon. Ce pensionnat acquit en peu de temps une grande célébrité dans la Normandie. Le fondateur des Frères y transporta son noviciat de Paris, et fit de Saint-Yon le chef-lieu de sa Congrégation et sa maison préférée.

Après plusieurs tentatives infructueuses pour obtenir de ses disciples d'être déchargé de la supériorité, l'humble et héroïque serviteur de Dieu réussit enfin à faire élire le F. Barthélemy pour son successeur, et il s'empressa de lui obéir avec la docilité d'un enfant. Les infirmités et les fatigues de sa vie austère et pénitente devancèrent pour lui la vieillesse. Sans avoir jamais connu le repos ni cessé d'endurer les plus terribles épreuves, il vit arriver avec calme son heure dernière. Il mourut, à l'âge de 68 ans, le matin du vendredi saint, 7 avril 1719, au milieu de ses frères consternés d'une telle séparation. « C'était un saint! Le saint prêtre est mort! » Tels furent les cris d'admiration arrachés spontanément à ses adversaires eux-mêmes, par la nouvelle de son décès. Ses funérailles furent un véritable triomphe.

Il fut d'abord inhume dans l'église de Saint-Sever. mais, en 1734, ses précieux restes furent rendus à ses disciples qui les transportèrent dans leur chapelle de Saint-Yon, dont la construction venait d'être achevée. Le tombeau, violé pendant la révolution, a été retrouvé en 1835, et les ossements du Bienheureux reposent, en ce moment, dans la chapelle du pensionnat des Frères de Rouen.

En mourant, le pieux Fondateur laissait 23 maisons. 274 frères et 9.885 élèves. Peu après sa mort. en 1725. son Institut reçut à la fois les lettres patentes de Louis XV et la bulle d'approbation du Souverain Pontife Benoit XIII.

Dieu qui voulait rendre illustre devant les hommes son bien-aimé serviteur. même après sa mort, commença de manifester en différentes manières que du combat il était passé à l'éternel triomphe, afin que les mérites de sa sainteté, reconnus et approuvés par le Siège Apostolique. fussent promulgués solennellement à tout le monde catholique par le Vicaire de Jésus-Christ.

Cependant, de nombreuses circonstances firent longtemps différer l'instruction juridique, notamment la tourmente révolutionnaire qui agita la France à la fin du siècle dernier. pendant laquelle fut dispersée la famille religieuse du vertueux Fondateur.

La paix ayant été rendue à l'Europe. et l'Institut des Frères des Ecoles chrétiennes ayant repris son existence, les supérieurs. auxquels se joignirent de pieux fidèles, sollicitèrent les archevêques de Reims, de Rouen et de Paris d'ouvrir les enquêtes canoniques sur la vie et les vertus de Jean-Baptiste de La Salle. aussi bien que sur les miracles opérés par son intercession.

Ces enquêtes, commencées en 1835, fournirent, cinq ans après, les preuves exigées sur la réputation universelle et constante de sainteté du personnage dont on introduisait la cause. Le 8 mai 1840, le Souverain Pontife Grégoire XVI décerna au serviteur de Dieu le titre de VÉNÉRABLE et ordonna de poursuivre le procès de Béatification.

Pendant que s'accomplissait l'examen des écrits et des vertus du saint prêtre, un fait prodigieux, attribué à son intercession, arrivait à Orléans.

Mlle Victoire Ferry, âgée de vingt ans, et employée à l'hôpital général de cette ville, fut victime, au mois de février 1832, d'un événement cruel, dont voici les détails :

Elle se trouvait par hasard dans une des salles de l'hospice, lorsqu'elle fut subitement jetée à la renverse par une folle, et frappée à coups de pied avec tant de violence, qu'elle serait restée morte sur la place, si deux autres aliénées ne fussent venues la tirer des mains de cette furieuse. Elles la portèrent dans sa chambre, et la placèrent dans son lit, privée de l'usage de ses sens. Les suites de cet accident furent si graves, que cette demoiselle rendait le sang en abondance par la bouche, par les narines et par les yeux ; elle éprouvait des tremblements convulsifs par tout le corps, et tout annonçait dans son organisme une perturbation complète.

Un régime médical suivi pendant deux ans n'apporta aucun soulagement dans l'état de la malade, qui essayait inutilement de s'occuper à quelques ouvrages manuels ; tout travail était au-dessus de ses forces. Elle avait perdu l'appétit ; son sommeil était court, interrompu, inquiet ; son visage ordinairement pâle, devenait parfois enflammé ; une douleur aiguë et de violentes palpitations de cœur s'étaient déclarées dès les premiers jours de sa maladie, et à ces maux vint bientôt se joindre une inflammation du péricarde, et de fréquents vomissements de sang. Tous les remèdes restèrent sans effet. La faiblesse extrême où la malade était réduite, l'empêchait de faire un seul pas, et même de se tenir sur ses pieds ; elle était contrainte de se tenir assise sur une chaise, ou de garder le lit, sans pouvoir toutefois y rester couchée.

La maladie durait depuis douze années, et, pendant les huit dernières, les symptômes étaient devenus plus effrayants : la fièvre n'avait point quitté la malade ; sa soif était ardente, mais elle ne pouvait la satisfaire, à cause de la difficulté qu'elle avait à avaler ; d'ailleurs toute boisson provoquait le vomissement.

On doit dire ici que, pendant sa maladie, la demoiselle Ferry avait été saignée deux cent douze fois, outre une centaine de tentatives inutiles pour obtenir du sang, et l'application de cinq ou six centaines de sangsues.

Elle reçut les derniers sacrements de l'Eglise à diverses reprises, et ses faiblesses devenaient de plus en plus fréquentes; il lui est arrivé plusieurs fois de tomber dans les bras de sa mère, et d'y rester comme morte pendant trois ou quatre heures.

Le mal empirait toujours, et l'enflure était si considérable, qu'on ne pouvait toucher la malade sans que l'empreinte des mains demeurât sur sa chair. L'art des médecins étant devenu inutile, la pauvre malade eut recours à la très sainte Vierge et aux Saints, en l'honneur desquels elle fit plusieurs neuvaines, ce qui n'apporta aucun soulagement à sa pénible situation. Enfin, ayant appris que le Vénérable Jean-Baptiste DE LA SALLE avait procuré à plusieurs personnes la guérison de leurs maladies, elle commença à l'invoquer, le 18 mai 1844, deuxième jour de l'octave de l'Ascension, et les Frères des Ecoles chrétiennes d'Orléans unirent leurs prières aux siennes. Tenant entre ses mains une image et des reliques du Vénérable, elle s'exprimait ainsi : *Mon bon Père, vénérable serviteur de Dieu, Jean-Baptiste de La Salle, priez pour moi, qui ai recours à vous, si c'est la volonté de Dieu que vous obteniez ma guérison; mais si, au contraire, sa volonté est que je meure, je m'y résigne volontiers pour la sanctification de mon âme.* Elle continuait, le jour et la nuit, les mêmes prières.

Le dimanche, dans l'octave de l'Ascension, 19 mai 1844, elle sentit des douleurs plus poignantes par tout son corps; dans l'après-midi, on lui offrit un abrégé de la Vie du Vénérable. Elle se mit à le lire; mais, parvenue au premier fait miraculeux qui y est rapporté, elle éprouva une sorte de commotion, et, vers les sept heures et demie du soir, ne voyant personne, elle entendit une voix claire et distincte qui lui disait : *Dimanche, à huit heures moins un quart, tu iras à la messe à Recouvrance; n'en dis rien.* Dans cet instant, elle fut saisie de crainte; toutefois elle continua de lire l'abrégé jusqu'à la fin.

★

A dater de ce moment, le mal augmenta, et, comme il était tard, elle se traina seule jusqu'à son lit, attendu qu'on ne pouvait la toucher sans augmenter ses souffrances ; toutefois elle ne put s'y tenir couchée et passa une nuit fort pénible. Elle sentait dans tout son corps une impression douloureuse, semblable à celle qu'elle avait coutume d'éprouver quand on la touchait. Les choses continuèrent ainsi, les deux premiers jours de la neuvaine, sans que la malade pût ni boire ni manger, au milieu d'une espèce de commotion universelle de son organisme.

Dans la nuit du 20 au 21 mai, ayant senti, aux pieds et aux genoux, comme quelque chose qui la touchait, elle y porte la main le mieux qu'il lui est possible, mais sans y rien trouver Pendant cette recherche, elle avait égaré l'image du Vénérable DE LA SALLE ; bientôt après, cette image se retrouva dans ses mains sans qu'elle pût s'expliquer comment cela s'était fait. Au milieu de l'obscurité de la nuit, appuyée sur son coussin, Mlle Ferry comptait les heures, lorsque tout à coup, après minuit sonné, elle sent quelque chose qui appuyait avec force sur ses pieds et sur ses genoux, et aussitôt, un peu vers sa droite, elle voit paraître le Vénérable DE LA SALLE, qui lui dit : *Je suis Jean-Baptiste de La Salle. — O mon Vénérable Père ! je ne suis pas digne que vous vous montriez à moi. — Dimanche, à huit heures moins un quart, tu iras à la messe à Recouvrance ; n'en dis rien, tu es guérie. — Mon bon Père, le Vénérable, je vous remercie de toutes les grâces que vous m'accordez aujourd'hui : je m'en reconnais tout indigne.*

Voilà donc celle que la fièvre n'avait point quittée depuis douze ans, la voilà délivrée de tous ses maux, sans crise, sans convalescence ! Elle est pleine de santé, de force, et elle passe le reste de la nuit dans un sommeil paisible.

Le mardi 21 mai, vers les sept heures et demie du matin, sa mère l'ayant laissée seule, Mlle Ferry s'habille, descend de son lit, et, se regardant à plusieurs reprises, elle se trouve sans marque d'enflure ; aussitôt, pleine de joie et de reconnaissance, elle tombe à genoux pour rendre grâces à Dieu, puis elle se met à marcher dans sa chambre et s'occupe ensuite à des travaux manuels.

Sa mère à son retour, fut toute stupéfaite du changement qu'elle remarqua sur le visage de sa fille, et ne pouvant se contenir à la vue du mieux qu'elle remarquait : « Qu'est-ce que cela ! s'écria-t-elle ; comment ! tu es levée ! » — « Hé ! ma mère, que voulez-vous que je fasse dans mon lit ? Ne suis-je pas mieux sur une chaise ? Mais je me sens de l'appétit ; si vous vouliez bien me donner quelque chose à manger. » Et à plusieurs reprises, dans la même journée, elle mangea copieusement et de fort bon appétit, même des aliments qui lui avaient été précédemment interdits.

Dès le matin du dimanche 26 mai, fête de la Pentecôte, elle se revêtit des habits neufs que sa mère lui avait achetés (elle avait distribué les autres aux pauvres, les croyant désormais inutiles), et se rendit à la paroisse vers l'heure qui lui avait été désignée par le Vénérable DE LA SALLE. Elle était accompagnée de sa mère, et marchait d'un pas sûr ; elle monta seule, et sans efforts, les marches du perron de l'église. Pendant qu'elle prenait de l'eau bénite, en entrant, sept heures trois quarts sonnaient ; elle entendit la messe, communia, et, après une longue action de grâces faite à genoux, elle revint à la maison, seule et sans aucune difficulté. Depuis ce temps, elle jouit d'une très bonne santé ; et nous ajouterons, comme dernière et irréfragable preuve de sa guérison, que, le 17 octobre 1846, cinq notabilités médicales de Paris ont constaté, chacune dans une consultation spéciale, que cette demoiselle ne leur a présenté *aucun signe* d'une maladie organique du cœur.

Elle comparut plusieurs fois devant le tribunal ecclésiastique d'Orléans, délégué par le Saint-Siège pour constater juridiquement sa guérison, et la procédure, terminée le 6 novembre 1846, fut aussitôt expédiée à Rome, pour être soumise au jugement de la Sacrée Congrégation des Rites.

*
* *

De 1852 à 1873, pendant que les Tribunaux ecclésiastiques continuaient l'examen des vertus du Vénérable DE LA SALLE, deux nouvelles marques de sa puissance auprès de Dieu éclataient à son tombeau.

Parmi les maladies contre lesquelles la science médicale s'est trouvée jusqu'ici impuissante, on place *l'ataxie locomotrice progressive*. « La multiplicité des remèdes employés pour la combattre, dit le savant docteur Trousseau, témoigne de leur infidélité et de l'impuissance de la médecine. Jusqu'à présent, nous ne connaissons aucun moyen de combattre ce mal, ni même de l'enrayer dans sa marche. Cette maladie ne guérit pas. »

Vers le mois de février 1866, le Frère Adelminien, directeur de la communauté de Saint-Nicolas des Champs, à Paris, en éprouva les premiers symptômes. Le repos et des soins intelligents les firent disparaître ; mais peu de temps après, ils parurent de nouveau. M. le docteur N..., qui fut consulté, ordonna au malade les pilules au nitrate d'argent et les eaux de Bourbonne.

Le Frère Adelminien éprouva bientôt après une amélioration sensible. Il reprit ses travaux ordinaires, et s'y livra tout entier, avec l'espoir que la fatigue n'occasionnerait point de nouvelle rechute.

Hélas ! son mal avait été plutôt momentanément arrêté dans sa marche, que guéri ; il reparut au mois de décembre 1867, mais avec une intensité désespérante. M. le docteur-médecin de la communauté, constata la présence d'une ataxie locomotrice progressive, parvenue à un degré qui ne devait plus permettre de compter sur sa guérison.

Autorisé à aller lui-même prier pour sa guérison sur le tombeau du saint Fondateur, le Frère Adelminien quitte Paris le 26 décembre. M. le docteur N..., témoin de son départ, écrit : « La marche du malade est très chancelante, les membres inférieurs sont lancés sans coordination des mouvements, les pieds parfaitement insensibles au sol chaud ou froid, résistant ou non ; pour monter ou descendre l'escalier, il faut un double soutien : celui de la rampe et celui d'un compagnon ; les membres sont, sans ordre, lancés d'une marche à l'autre, et vont souvent ou trop ou pas assez loin ; enfin, pour monter en voiture, le Frère pose tant bien que mal le pied sur le marchepied, se hisse à l'aide de ses bras et retombe sur le siège, sans pouvoir complétement se retenir sur les membres inférieurs. »

Le Frère Adelminien commença sa neuvaine le 27 ; il suspendit, pendant ce temps, l'usage de tout agent médical : chaque jour il entendit la messe qui était dite à son intention, et y reçut la sainte communion ; il se traînait ensuite sur le tombeau du Vénérable DE LA SALLE, et priait longtemps avec confiance. Ses confrères de Rouen et la plupart de ceux de Paris faisaient la neuvaine avec lui.

Cette neuvaine se termina sans amener aucune amélioration dans l'état morbide du malade. Le 5 janvier suivant, il en commença une seconde ; le soir, et pendant la nuit, il ressentit des douleurs atroces qu'il n'avait point éprouvées auparavant.

Le lendemain, vers huit heures et demie, il se rendit, selon son habitude, sur le tombeau du vénéré fondateur des Frères, où il pria quelque temps à genoux.

Lorsqu'il se releva, ses jambes lui parurent affermies et le sol lui offrit une résistance sensible. Surpris et profondément ému, il mit son bâton sous le bras, sortit de la chapelle et courut dans un corridor isolé, pour s'assurer qu'il était guéri. Le lendemain, il visita à pied les principales églises de Rouen.

Le temps devint pluvieux et très froid, le verglas rendit la marche très fatigante ; néanmoins il gravit, aussi à pied et sans bâton, la colline sur laquelle s'élève la magnifique église de Notre-Dame de Bon-Secours. Quand il rentra à l'Ecole normale, il ne parut pas fatigué. Sa guérison avait été aussi instantanée et aussi complète qu'il était possible de le désirer.

Ce double fait a été constaté et certifié par trois célèbres médecins. « Jusqu'à ce jour, écrivait encore, le 18 avril, un de ces Messieurs, je n'ai cessé de voir souvent le Frère Adelminien, de l'examiner et de l'interroger. Je déclare que rien encore n'a pu démentir son état de santé parfaite. »

*
* *

Dans la même année, un autre fait merveilleux proclamait encore le pouvoir du saint prêtre.

Etienne de Suzanne, fils de M. Henri de Suzanne, conservateur des forêts pour les départements de la Seine-Inférieure et de l'Eure, éprouva, le 1er décembre 1867, les premières atteintes d'une fièvre hectique, qui se compliqua plus tard d'une bronchite vésiculaire et suppurée.

Etienne n'avait que onze ans ; c'était une de ces natures frêles et délicates dont la vie semble se concentrer dans l'intelligence et dans le cœur, mais qui ne peuvent opposer à la maladie, lorsqu'elles en sont atteintes, que des organes d'une complexion débile.

Aussi, malgré les soins immédiats dont il fut l'objet, se vit-il contraint, par les progrès et la violence de son mal, d'interrompre ses études et de garder le lit. Trois habiles médecins furent plusieurs fois appelés auprès de lui ; mais ils ne purent le guérir. La fièvre augmenta sensiblement : il s'y joignit une toux sèche et délirante, la bronchite s'étendit chaque jour davantage, la respiration devint difficile ; l'expectoration prit, par son abondance et sa couleur, un caractère très inquiétant. Le 27, les médecins déclarèrent eux-mêmes que la maladie était très grave ; l'auscultation, la nature des crachats et la marche suivie par le mal rendaient évidentes la congestion des bronches et du tissu pulmonaire.

Le cher petit malade souffrait des douleurs atroces. On ne pouvait le voir sans un profond serrement de cœur : sa maigreur était excessive ; ses traits s'étaient décomposés et lui donnaient l'aspect d'un vieillard décrépit ; son corps était constamment replié de telle sorte que le menton touchait aux genoux ; son pouls donnait cent quarante pulsations par minute ; des accès continuels de toux et de suffocation rendaient ses douleurs plus intenses. M. Labbé, supérieur de l'Institution ecclésiastique, à Yvetot, et professeur d'éloquence à la Faculté de théologie de Rouen, l'ayant vu en cet état, en fut tellement frappé qu'il écrivit à Mme Edith de Caumont, religieuse du Sacré-Cœur et sœur de Mme de Suzanne, pour l'engager à préparer au plus tôt sa sœur au coup terrible que devait lui porter la mort présumée d'Etienne.

Hélas ! la triste préoccupation de ce respectable ecclésiastique était partagée par les personnes auxquelles les liens du sang ou de l'amitié permettaient de pénétrer dans la chambre du malade.

Il est un devoir sacré que des parents chrétiens s'empressent de remplir en de pareilles circonstances : M. et Mme de Suzanne trouvèrent dans leur piété la force nécessaire pour disposer leur fils à la réception des secours spirituels que l'Eglise offre aux mourants. Etienne, au reste, fut le premier à les réclamer. Ce cher enfant conservait, au milieu de ses douleurs, une admirable résignation ; mais il ne se faisait pas illusion. « Que faut-il faire, demanda-t-il un jour à Mme de Caumont, sa grand'mère, quand un enfant qui n'a pas fait sa première communion est en danger de mort ? » Mme de Caumont retint ses larmes, et, le cœur déchiré, elle expliqua à Etienne la règle de conduite à suivre en pareil cas. « Eh bien ! reprit le malade, je veux aussi me confesser et, si j'en suis trouvé digne, recevoir la communion. » Les vœux de ce pieux enfant furent exaucés : il eut le double bonheur de recevoir les sacrements de Pénitence et d'Eucharistie.

Sur ces entrefaites, le frère Adelminien fut guéri à la suite d'une neuvaine au Vénérable DE LA SALLE. Il fut conduit chez Son Eminence le cardinal de Bonnechose, qui portait beaucoup d'intérêt à la famille de M. de Suzanne. Ce respectable prélat alla voir Etienne, et, après avoir raconté à ses parents la guérison du Directeur des Frères de Saint-Nicolas-des-Champs, il les engagea à s'adresser aussi au fondateur des Frères pour obtenir le rétablissement de leur fils.

Il fut décidé que l'on ferait, à cet effet, une neuvaine en l'honneur de cet homme de Dieu : elle commença le 21 janvier 1868. Chaque jour plusieurs parents et de nombreux amis du jeune malade se réunirent dans la chapelle de l'Ecole normale, et y prièrent en commun pour sa guérison, sur le tombeau du Vénérable DE LA SALLE. Le pieux enfant priait lui-même, dans ce but, avec une ferveur touchante. La neuvaine était faite également par les religieuses du Sacré-Cœur, à Conflans et à Paris.

Dès le troisième jour, une lueur d'espérance brilla dans l'âme d'Etienne. « Je crois, dit-il, que je guérirai par le Vénérable DE LA SALLE. »

Néanmoins, le 27, ses douleurs redoublèrent ; il y eut, ce jour-là, pour ses parents désolés, quelques heures d'angoisses cruelles. Etienne seul conserva sa sérénité et sa confiance : « Je serai guéri à la fin de la neuvaine, » dit-il, et il pria sa mère de lui faire préparer des habits, parce que, ajouta-t-il, il voulait assister à la messe d'action de grâces. Ses parents voulaient appeler immédiatement le médecin : « Non, non, ne le faites pas, dit le pieux malade ; j'ai lu que ce qui m'arrive s'est passé vers la fin de plusieurs neuvaines ; ce soir, je serai mieux. »

La veille de la clôture de la neuvaine, il dit à la sœur Saint-Michel, qui le veillait chaque nuit : « C'est aujourd'hui surtout, ma Sœur, qu'il faut bien prier, car demain je dois être tout à fait guéri ; je dois aller remercier le Vénérable DE LA SALLE et assister à la messe à l'Ecole normale. » — « Ah ! c'est une plaisanterie, reprit la Sœur ; vous avez encore trop de chemin à faire, avant d'être guéri. »

Et cependant ce chemin se trouva parcouru tout entier le lendemain. Les médecins qui avaient soigné Etienne vinrent le voir, et ils constatèrent que sa guérison était parfaite. L'heureux Etienne se leva, mangea de très bon appétit et fit lui-même les honneurs de sa maison aux nombreux amis attirés auprès de lui par la nouvelle inattendue de son rétablissement ; il fit même divers exercices gymnastiques devant ses parents muets de ravissement et de joie. Une messe d'action de grâces fut célébrée à l'Ecole normale : la chapelle de cet établissement se trouva, ce jour-là, trop petite pour contenir les nombreuses personnes accourues pour voir Etienne de Suzanne, et louer Dieu de la faveur signalée accordée à cet heureux enfant.

*
* *

Le 10 juillet 1873, la Sacrée Congrégation des Rites, réunie en séance publique devant le Souverain Pontife Pie IX décida que les vertus théologales, les vertus cardinales et les autres qui en découlent avaient été pratiquées par le Vénérable Serviteur de Dieu Jean-Baptiste DE LA SALLE au degré héroïque. La promulgation du décret pontifical, confirmatif de cette décision et si longtemps attendu, eut lieu le jour de la Toussaint de la même année. Le Très Honoré Frère Philippe assistait à cette promulgation, le cœur débordant de joie. Il y voyait, en effet, l'assurance donnée à son Institut, de l'un des points essentiels requis par les lois ecclésiastiques pour la Béatification du Fondateur.

Pendant que se poursuivait la minutieuse procédure romaine, le monde impatient préparait un triomphe au Bienfaiteur de la jeunesse et à l'Apôtre de l'enseignement populaire. Une fête dont Rouen gardera le souvenir, fut célébrée, le 2 juin 1875, pour l'inauguration solennelle du monument élevé sur la place Saint-Sever, à l'aide de dons offerts en témoignage de l'estime universelle qui s'attache à la mémoire du Fondateur de l'Institut des Frères. Ainsi que le disait, ce jour-là, Son Eminence le cardinal de Bonnechose : « Constantinople et Smyrne, comme Paris et Rome, comme Alger, Québec, Philadelphie New-York, avaient envoyé leurs souscriptions. »

L'érection de la statue du Vénérable de La Salle, autorisée par décret gouvernemental, fut l'occasion d'une éclatante manifestation à laquelle prirent part l'administration, l'autorité académique, la magistrature, l'armée, le peuple de Rouen et de nombreuses députations d'enfants de diverses villes de France. Mgr Besson, aujourd'hui évêque de Nîmes et alors chanoine de Besançon, y prononça un éloquent panégyrique.

Cinq ans plus tard se présentait la date du second centenaire de la fondation des Ecoles chrétiennes, 24 juin 1880. Des fêtes, dont celles de Rouen n'avaient été que le prélude, furent organisées splendidement sur tous les points du monde où sont établis les enfants du Bienheureux ; c'était comme la dernière et solennelle expression des vœux de tous les catholiques, en faveur de la cause si populaire du serviteur de Dieu.

Ensuite, avec un zèle filial et une activité digne d'une telle cause, les Frères des Ecoles chrétiennes se mirent à l'œuvre pour obtenir l'approbation des miracles opérés par Dieu à l'intercession de son serviteur.

Ce fut le travail de la Congrégation des Rites pendant de longs jours encore. La consultation définitive fut entièrement favorable, et le 1ᵉʳ novembre 1887, le Souverain Pontife

Léon XIII promulguait la sentence qui approuvait le jugement et reconnaissait l'authenticité des trois prodiges racontés ci-dessus.

Il ne restait plus qu'à obtenir du Vicaire de Jésus-Christ les honneurs des autels pour le Vénérable Serviteur de Dieu. Le 27 du même mois de novembre, Sa Sainteté décréta qu'on pouvait procéder à la Béatification, couronnant et terminant la Cause. Peu après, des Lettres apostoliques fixèrent au dimanche 19 février 1888 la célébration de la Béatification solennelle de Jean-Baptiste DE LA SALLE, à Rome, indiquèrent les collecte, secrète et postcommunion propres à la messe du nouveau Bienheureux, et déterminèrent la date du 4 mai pour sa fête annuelle au rite double majeur, dans les diocèses de Reims, Paris et Rouen, et dans toutes les chapelle des Frères.

Récit des fêtes de la Béatification

(Extrait de la correspondance romaine du journal l'*Univers*.)

Rome, 19 février 1888.

La cérémonie solennelle de la béatification du Vénérable Serviteur de Dieu Jean-Baptiste DE LA SALLE, fondateur de la Congrégation des Frères des Écoles chrétiennes et gloire impérissable de la France catholique, dont il représente si bien l'esprit généreux, la charité inépuisable et le zèle apostolique, a eu lieu ce matin dans la vaste salle de la Canonisation, au-dessus du portique de Saint-Pierre.

Cette magnifique salle, resplendissante de dorures, était brillamment illuminée, et une foule nombreuse et choisie, composée en grande partie de Français, se pressait dans son enceinte. Dans les tribunes, on remarquait beaucoup de Frères des Écoles chrétiennes, des moines, des religieuses, des dames et divers personnages distingués. Dans la première à droite, se trouvaient le Frère Joseph, Supérieur général de la Congrégation ; six de ses Assistants, les Frères Osée, Louis de Poissy, Cyrus, Junien, Apronien-Marie et Raphaélis ; le Frère Adelminien, guéri miraculeusement par le Vénérable

Fondateur de son Institut et représenté dans un des tableaux de la béatification ; le Frère Siméon, directeur du collège de Saint-Joseph de Rome ; le premier Aumônier de la Maison-Mère de Paris ; M. le Grand Vicaire de Reims, représentant le cardinal Langénieux et le diocèse où naquit le Vénérable ; M. le Grand Vicaire de Rouen, M. le Secrétaire général de l'Evêché d'Orléans, et M. le comte de La Salle de Rochemaure, arrière petit-neveu du Vénérable DE LA SALLE. Dans d'autres tribunes avaient pris place les Frères provinciaux de France, d'Italie, d'Espagne, de Belgique, d'Angleterre, d'Allemagne, des Indes, de l'Amérique du Nord et du Sud, du Levant et d'Algérie. Les trois grands tableaux représentant les miracles opérés par le Vénérable Serviteur de Dieu étaient placés l'un sur la paroi de droite en entrant dans la salle, et les deux autres, à droite et à gauche de l'autel, au-dessus et derrière les tribunes des chantres.

Le Chapitre de Saint-Pierre, qui a juridiction sur la salle de la Canonisation, choisit lui-même l'Evêque qui est invité à pontifier dans les cérémonies de béatification ; il a réservé cet honneur pour un de ses membres, Mgr de Neckere, Belge de naissance. Sa Grandeur, revêtue de la chape et portant la mitre, a fait son entrée dans la salle un peu avant dix heures, par la porte située derrière l'autel qui conduit dans la basilique par l'escalier de la coupole. Elle était assistée par Mgr Talamo et par un autre chanoine de Saint-Pierre qui faisaient diacre et sous-diacre, et est arrivée précédée de tous les élèves du séminaire Vatican. A dix heures un quart, précédés et escortés par un piquet de la garde suisse en grand uniforme, les cardinaux de la Sacrée Congrégation des Rites, portant la cappa magna avec l'hermine blanche, ont fait leur entrée solennelle par la grande porte, suivis des prélats, des officiers et des consulteurs de cette même Congrégation.

C'étaient les cardinaux Pitra, Martinelli, Ledochowski, Serafini, Parocchi, Laurenzi, Melchers, Bianchi, Aloisi-Masella, Ricci, Zigliara, Pallotta, Verga et Bausa. La salle offrait à ce moment un coup d'œil vraiment féerique. Les cardinaux et les autres membres de la Sacrée-Congrégation des Rites occupaient le banc de gauche, derrière lequel étaient groupés près de deux cents Frères des Ecoles chrétiennes avec des députations de leur noviciat d'Albano et de leurs deux collèges de Rome : celui de Saint-Joseph, plus connu sous le nom de collège Poli, et celui des petits artisans de Saint-Joseph. Sur le banc de droite, en face, étaient vingt évèques, parmi lesquels les archevèques de Rouen et de Besançon et les évèques d'Orléans et de Poitiers, puis les chanoines de Saint-Pierre, et, au bout, le Frère Robustinien, postulateur de la Cause. Derrière le banc, les bénéficiers de Saint-Pierre et les élèves du séminaire Vatican.

Chacun étant à sa place, un maître des cérémonies a invité Mgr Salvati, secrétaire de la Congrégation des Rites et le postulateur de la Cause à se rendre auprès du cardinal Bianchi, préfet de ladite Congrégation. Le Frère Robustinien a alors prié Son Eminence de vouloir bien promulguer les lettres pontificales en forme de bref qui permettent de donner au Vénérable Serviteur de Dieu, Jean-Baptiste DE LA SALLE, le titre de Bienheureux. Le cardinal Bianchi, acquiesçant à la demande du postulateur, lui a remis le bref pontifical, en le chargeant de demander au Chef du Chapitre de la Basilique vaticane de permettre qu'il en fût donné lecture publique.

Le Frère Robustinien et Mgr Salvati, accompagnés du maître des cérémonies, se sont alors rendus auprès de Mgr Simoneschi, vicaire du Chapitre de Saint-Pierre, et représentant du cardinal Howard, archiprêtre de la Basilique vaticane, qui est plus gravement malade; ensemble ils lui ont remis le bref, qu'il a passé à un maître des cérémonies du Chapitre. Celui-ci s'est aussitôt dirigé vers la chaire et en a donné lecture à haute voix.

La lecture du bref terminée, Mgr de Neckere a entonné le *Te Deum*, et aussitôt le rideau qui cachait le tableau du Bienheureux s'envolant dans la gloire soutenu par des anges et le voile qui couvrait la relique du saint exposée sur l'autel sont tombés; les cloches de Saint-Pierre ont en même temps sonné à toute volée leurs joyeux carillons de fête, annonçant à la ville et au monde la béatification du Vénérable et grand Serviteur de Dieu Jean-Baptiste DE LA SALLE. Le même maître des cérémonies est alors allé chercher le Frère postulateur, et celui-ci, aidé par deux autres Frères soutenant de grands plateaux a distribué aux cardinaux une grande image du Bienheureux roulée et entourée d'un ruban rouge et deux vies du même, l'une en abrégé et l'autre complète, richement reliées. Pendant ce temps, d'autres Frères des Ecoles chrétiennes distribuaient également des images et des vies du Bienheureux. aux évêques, aux chanoines, aux prélats et officiers de la Congrégation des Rites, etc.

Le *Te Deum* fini, un chantre a entonné le verset : *Ora pro nobis, Beate Joannes-Baptista*, et les assistants ayant répondu : *ut digni efficiamur promissionibus Christi*, l'évêque pontifiant a chanté l'oraison propre du nouveau Bienheureux. Puis. ayant encensé la relique, il a quitté la mitre et la chape. s'est revêtu de la chasuble, et la messe solennelle a commencé, chantée en musique par les chantres de la chapelle Julienne de Saint-Pierre et les élèves de la maîtrise des Frères de Saint-Sauveur in Lauro. La messe célébrée en l'honneur du nouveau Bienheureux est la messe « Justus » du commun d'un confesseur non pontife, avec les oraisons propres.

Il était presque midi et demi quand la cérémonie a été terminée.

Vers quatre heures, N. S. Père le Pape Léon XIII, suivi de toute sa cour, s'est rendu dans la salle de la canonisation pour y vénérer la relique et l'image du nouveau Bienheureux. Sa Sainteté a été reçue par le Chapitre de Saint-Pierre et les élèves du séminaire Vatican qui l'ont accompagnée jusqu'à l'autel. La salle était comble, et l'on remarquait dans la tribnne du corps diplomatique, S. Exc. M. le comte Lefebvre de Béhaine, avec tout le personnel de l'ambassade de France en uniforme. Agenouillé au pied de l'autel, le Saint-Père est resté absorbé dans une pieuse méditation durant une demi-heure. Pendant ce temps. on a distribué aux cardinaux et aux évêques présents l'image et la vie du Bienheureux.

Quand le Souverain Pontife s'est relevé, le Frère Joseph, Supérieur général des Frères des Ecoles chrétiennes, s'est approché, et prenant des mains de quatre de ses Assistants les oblations d'usage, il a offert à Sa Sainteté un magnifique reliquaire en filigrane, orné de pierres précieuses, contenant une relique du Bienheureux Fondateur de sa Congrégation, l'image et la vie du même richement reliée, et un superbe bouquet de fleurs artificielles. Le Saint-Père a adressé quelques paroles aimables au Frère Joseph et aux autres Frères les plus rapprochés et leur a donné à tous sa main à baiser. Sa Sainteté a fait également un accueil très bienveillant et paternel à M. le comte de La Salle.

Le Souverain Pontife étant retourné dans ses appartements, les chanoines de Saint-Pierre ont chanté vêpres, et la double cérémonie de la Béatification a pris fin.

Nous ajouterons, en terminant, ces paroles écrites par Mgr Isoard, évêque d'Annecy, dans un mandement spécial :

« Quelle consolation ne doit pas nous donner la pensée du nombre d'âmes qui ont dû la foi en ce monde et le salut dans l'autre aux leçons et aux exemples des disciples de ce Bienheureux ! Du haut de cette gloire en laquelle son bon Maître l'a établi, il contemple, lui, le pauvre chassé de tant de villes, il contemple cette Congrégation dont les dix ou douze mille membres sont répandus dans toutes les parties du monde, et disent le nom adorable de Jésus à des enfants de toutes les nations et de toutes les langues ! Dieu soit béni, de ce que c'est à notre patrie qu'il a donné ce saint prêtre ! Dieu soit béni de ce que c'est en France que s'est levé ce soleil qui éclaire et réchauffe le monde des âmes ! »

Et Mgr Delannoy, évêque d'Aire et de Dax, dit de son côté, dans son Mandement pour le Carême de 1888 :

« Pourquoi faut-il qu'au moment où de tels hommages sont rendus à une telle mémoire, elle soit répudiée précisément par des hommes qui se posent en champions de la science et de la démocratie, et qui, à ce titre seul, devraient être les premiers à s'incliner devant elle ! Pourquoi faut-il que les dignes fils du Bienheureux DE LA SALLE, ces véritables amis, ces éducateurs du peuple par excellence, se voient sur le point d'être absolument bannis des écoles officielles de la France, alors que dans tous les pays civilisés on rend une éclatante justice à leur dévouement aussi bien qu'à leur capacité !

Puisse, au jour de sa béatification, le saint Fondateur de leur œuvre, se venger de ceux qui s'en font les ennemis, en dissipant leurs inconcevables préjugés ! Puisse-t-il, surtout, obtenir de Dieu que l'inappréciable bienfait de l'éducation chrétienne ne soit point ravi aux enfants ! »

Enfin la presse entière de France et de l'étranger s'est déjà occupée de cet heureux événement. Nous empruntons à un des principaux organes catholiques de Paris les lignes suivantes, qui seront comme le résumé pratique de ce modeste opuscule.

« L'œuvre des Écoles chrétiennes est une œuvre nationale autant que religieuse. Il faut l'aider autant que l'honorer, non seulement en multipliant les écoles, mais encore et avant tout peut-être, en soutenant les maisons d'où sortent les maîtres, les *Petits Noviciats*, ces pépinières de l'enseignement congréganiste, ces écoles de recrutement où se préparent, dans le travail et la retraite, les instituteurs de la jeunesse..... Est-il donc une œuvre plus grande, plus pressante, plus patriotique ? A vrai dire, nous n'en connaissons pas, et, dans notre admiration profonde pour les Frères, voulant honorer, à notre manière, leur Bienheureux fondateur, nous n'avons cru pouvoir mieux faire que de dire bien haut notre conviction. »

Pieux lecteur, qui venez de parcourir ces pages, rappelez-vous que c'est surtout à l'époque de leur béatification que Dieu se plaît à faire éclater la gloire de ses élus, en exauçant, avec une facilité singulière, les vœux et les prières présentés par leur entremise. Conservez donc une haute idée de la puissance du Bienheureux Jean-Baptiste DE LA SALLE auprès du Seigneur, et efforcez-vous d'inspirer autour de vous des sentiments de confiance et de vénération envers ce grand serviteur de Dieu ; persuadez à ceux qui veulent obtenir quelques faveurs particulières de recourir à lui avec une ferme espérance d'être exaucés. Ce zèle ne sera pas sans récompense ; car la reconnaissance, qui est une des vertus de prédilection des saintes âmes, ne fait que se développer dans le ciel. Les serviteurs de Dieu, lorsqu'ils étaient voyageurs sur cette terre d'exil, pleins d'une juste appréhension à la vue des infirmités et des penchants pervers de notre nature déchue, s'appliquaient à considérer leur faiblesse ; ils redoutaient alors, dans les témoignages d'honneur, un appât dangereux pour l'orgueil, cette racine maudite de tous les maux. Mais, parvenus à la gloire, confirmés en grâce et admis à la claire vision de Dieu, ils n'ont plus à redouter ni les illusions de l'amour-propre, ni les pièges de la vanité. Dans les honneurs qui leur sont rendus, ils ne voient que Dieu, admirable dans ses saints, et dont la toute-puissance, comme l'infinie miséricorde, se manifeste par la gloire à laquelle il les a élevés, en les faisant asseoir parmi *les princes, les princes de son peuple*. Vous êtes donc assurés d'attirer sur vous la protection spéciale du Bienheureux, en contribuant à sa glorification de tout votre pouvoir.

Prière au Bienheureux Jean-Baptiste de La Salle.

ORAISON DE L'ÉGLISE.

O Dieu, qui pour donner l'éducation chrétienne aux pauvres, et pour enseigner la science aux petits, avez suscité le Bienheureux confesseur JEAN-BAPTISTE, et formé par lui dans l'Eglise une nouvelle famille religieuse, accordez, nous vous en supplions, à ceux qui instruisent l'enfance chrétienne, de suivre toujours ses exemples et de ressentir les bienfaits de son intercession, par Jésus Christ Notre-Seigneur. Ainsi soit-il.

Versailles. — L. RONCE, imprimeur de l'Évêché, rue du Potager, 9.

VERSAILLES. — L. RONCE, IMPRIMEUR DE L'ÉVÊCHÉ

Rue du Potager, 9.

9 782329 523316